是英文字母表，也是汉语拼音字母表，但是拼音读法不一样哦！

唱一唱《英文字母歌》和《汉语拼音字母歌》，你就明白啦！

万能解码表

A	B	C	D	E	F	G	H	I	J	K	L	M	N	O	P	Q	R	S	T	U	V	W	X
1	2	3	4	5	6	7	8	9	10	11	12	13	14	15	16	17	18	19	20	21	22	23	24

SHERLOCK HOLMES

少年大侦探·福尔摩斯探案笔记

博物馆大盗

Textes : Sandra Lebrun

Illustrations : Loïc Méhée

〔法〕桑德哈·勒布伦 编

〔法〕洛伊克·梅黑 绘

邱秋卡 译

深圳出版社

内容导航

人物介绍

夏洛克·福尔摩斯
私家侦探

华生医生
福尔摩斯永远的朋友

悠悠
福尔摩斯的侦探犬

任务说明

博物馆大盗

博物馆里的名画《蒙娜丽莎》不见了！馆长大惊失色，立刻打电话给福尔摩斯，请求侦探们来调查这桩失窃案，以揪出偷盗者，找回丢失的名画。

福尔摩斯毫不犹豫地答应了馆长的请求，不过，他还需要你的帮助。快来加入侦探小组，和福尔摩斯一起搜查博物馆的每一个角落，找出其中隐藏的线索！

这次调查分为三个阶段：

1. 在每章中，你要破解**7~8个谜题**，每解开1个谜题就能得到1条**信息**。

2. 把得到的信息**汇集**到每章的最后一页上，并根据提示推导出1条**重要线索**。

3. 汇总从每章中获得的重要线索，利用**排除法**，在**"真相大白"**页（第43页）进行推理分析，找到偷盗者。

* 注意，本书的前衬页上有万能解码表，必要的时候可助你一臂之力。

准备好了吗？赶快翻到下一页吧！
福尔摩斯正等着你！

恐龙馆

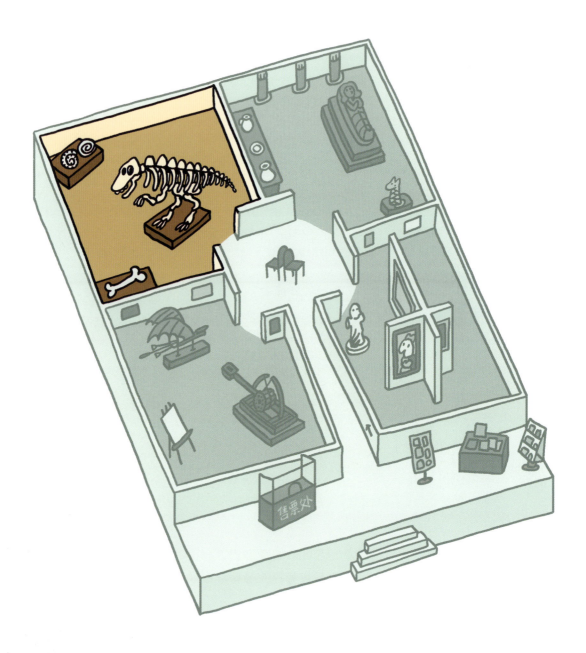

为了不错过任何线索，更好地追溯盗贼的犯罪路径，福尔摩斯和华生决定沿着博物馆的参观路线进行调查。

他们先找到售票员，问他有没有注意到什么不寻常的地方……

将对话框里黄色的字组成一句通顺的话（第一个词是"你们"），就能知道售票员说了什么。

信息1

把你组成的句子写下来：

找到这句话中第六个字的第三个拼音字母，根据第12页上的提示，将它填在对应的位置。

答案见第44页

? 谜题2

　　悠悠迫不及待地想看恐龙骨架。但博物馆里的通道太多，要注意不能走错方向。幸亏华生做了标记，他们才没有迷路。

　　回答迷宫中的两个问题，向正确答案的方向走，找到通往恐龙馆的路。如果答错了，请回到问题所在的位置，重新选择路线。

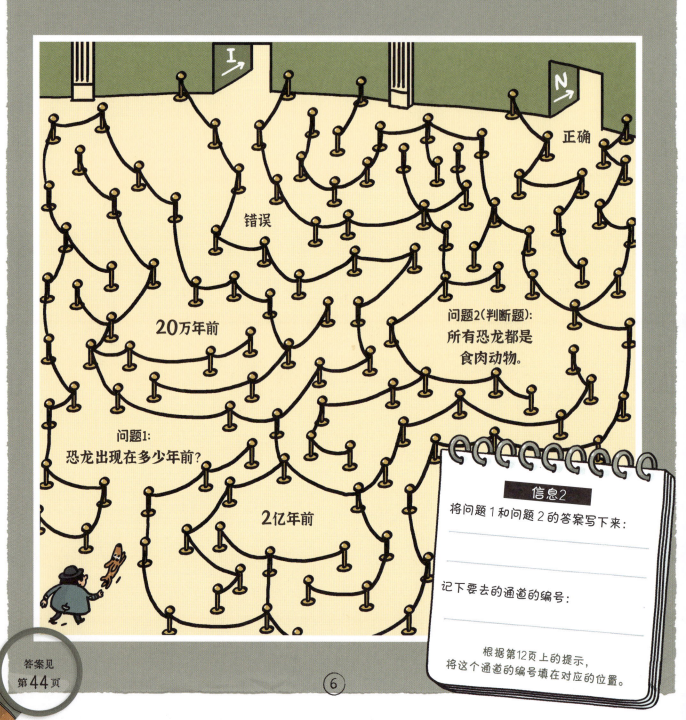

进入恐龙馆的第一个展厅后，侦探们遇见了一位游客，也许她可以提供信息。

借助前衬页上的万能解码表，将对话框中的数字换成对应的拼音字母（例如，23 对应 W），再加上声调，看看游客说了什么。

23-15 26-1-9 1 20-15-14-7 4-1-15 14-1 12-9 16-5-14-7 4-1-15 12-5 25-9 7-5 3-1-14 7-21-1-14 20-21-1-14 。

信息3

把游客说的话写下来：

_____

_____

_____

找到这句话中游客提供的通道的编号，根据第12页上的提示，将它填在对应的位置。

答案见
第44页

福尔摩斯和华生觉得恐龙骨架下面的一些纸片很奇怪，悠悠却似乎已经有了头绪：这些纸片隐藏着某些信息，得把它们拼起来。

仔细观察纸片的边缘，把这些纸片按正确的顺序拼起来，记下得到的拼音字母，再加上声调，看看纸片上写的是什么词语。

谜题5

　　除了悠悠，还有其他游客喜欢这个系列的展览。悠悠向一只正在看展的黑狗询问，它是否还遇到过别的参观者。

　　把对话框里的"汪"和"汪汪"画掉，就能明白这只黑狗说的话。

信息5

把黑狗说的话写下来：

_____

_____

_____

找到这句话中倒数第二个字的第二个拼音字母，根据第12页上的提示，将它填在对应的位置。

汪汪有汪个汪汪参汪观汪汪团汪汪去汪看汪汪化汪石汪汪标汪本汪汪了汪汪。

答案见
第44页

悠悠听到隔壁有响声，准备赶去调查。经过菊石化石展架时，悠悠停了下来。它发现展架上少了一块化石！

仔细观察菊石化石上的纹路，帮悠悠找出纹路独一无二的一块化石。

信息6

记下纹路独一无二的化石的编号：

根据第12页上的提示，将这个编号填在对应的位置。

悠悠找到了参观团，福尔摩斯和华生也赶了过来。趁着福尔摩斯询问参观团的间隙，华生找到了丢失的菊石化石，并把它放回了原位。

把 A、B、C 三个对话框中的字和标点符号依次交错组合起来，就能知道参观团的孩子们说了什么。（提示：第一个词是"老师"。）

恐龙馆

就在这时，参观团的带队老师回来了。福尔摩斯想知道《蒙娜丽莎》被偷时她在做什么，但她没把话说完……华生拿出笔记本，将前面收集到的信息汇总在一起。

下图对话框里的数字分别代表谜题1~7的序号。将从谜题1~7中获得的拼音字母写在对应序号下方，再加上声调，将老师的证词补充完整。这就是帮助你继续调查的第1条线索。

答案见
第44页

(12)

古埃及馆

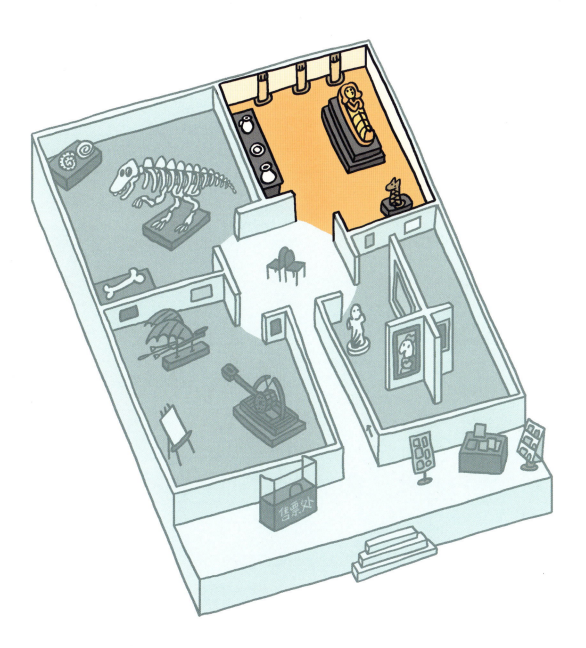

？ 谜题8

找到第 1 条线索后，侦探们准备找博物馆的工作人员了解情况。她肯定对博物馆的展览设置了如指掌。

每隔一个字就画掉后一个字，看看工作人员说了什么。注意，第一个字不能画掉。

安心全权主意管理说出他就在间隔墙壁苦等候你的们。

信息8

把工作人员说的话写下来：

_____

_____

找到这句话中第五个字的第一个拼音字母，将第22页上这个字母所在的方格涂黑。

答案见
第44页

⑭

紧接着，工作人员又给侦探们提供了一条至关重要的信息。

根据下图左侧泥版上的提示，破译工作人员手中纸上的信息。（提示：第一个字是"去"。）

他让我把这条信息告诉你们。

画被偷时，我拍了一张照片。

信息9

写下你破译的句子：

找到这句话中第八个字的第一个拼音字母，将第22页上这个字母所在的方格涂黑。

答案见第44页

很显然，证人不想让手上的信息泄露出去。工作人员带侦探们去了下一个展厅，那里陈列着一具木乃伊。华生注意到这具木乃伊的名字被加密了。

用红笔将木乃伊名牌中的每个图形都补充成完整的 ▨。看看每个图形中你所补上的线条分别是什么字母，它们按顺序组合起来就是这具木乃伊的外文名字。

在华生破解木乃伊的名字时，福尔摩斯欣赏起古埃及诸神的画像。他注意到每位神明的头上都有序号，于是拿出笔记本记下了他们的名字。

根据古埃及诸神名字上方的序号，将他们的名字的汉语拼音字母分别填入对应的方格里。先把蓝色方格里的拼音字母从上到下连起来，再加上声调，看看能组成什么词语。

⑤ 哈托尔
③ 托特
② 阿蒙
① 伊西斯
⑥ 奥西里斯
④ 赛特

信息11

写下你找到的词语和它的汉语拼音：

找到拼音中的最后一个字母，将第22页上这个字母所在的方格涂黑。

这些名字背后隐藏着什么信息？

答案见
第45页

悠悠认真寻找线索，一刻也不敢松懈。很快，它注意到眼前这副石棺上的图案有点儿奇怪，但究竟是哪里不对呢？

仔细观察，帮悠悠找出石棺上不属于那个时代的一件物品的图案。

信息12

写下这件物品的名称，并写出它的汉语拼音：

_____

_____

找到拼音中的第一个字母，将第22页上这个字母所在的方格涂黑。

谜题13

　　侦探小组成员在下一个展厅会合了。工作人员介绍说："这个展厅里的每件陶器都价值连城！"

　　根据图中上面三排陶器价格的计算结果，推算每一种陶器的价格，并写出最下面一排陶器价格的计算结果。

这个展厅里的每件陶器都价值连城！

看来这里隐藏着重要信息。

信息13

图中三种陶器的价格分别是：

⚱️ =　　🍽️ =　　🏺 =

写出最下面一排陶器价格的计算结果，并写出这个数字的汉语拼音：

_____

找到这个拼音的最后一个字母，将第22页上这个字母所在的方格涂黑。

(19)

答案见
第45页

华生正忙着做记录，工作人员突然打断了他！
将工作人员的话从最后一个字开始向前读，看看她说了什么。

! 块一了少然居石宝
的里柜展？事回么怎

信息14

把工作人员说的话写下来：

找到这句话中第五个字的最后一个拼音字母，
将第22页上这个字母所在的方格涂黑。

福尔摩斯自始至终都很冷静。当悠悠在另一侧搜查时，福尔摩斯正试图找出这些宝石的摆放规律。

根据福尔摩斯在笔记本上记下的思路，找找看是哪一块宝石不见了。

信息15

把不见的那块宝石的编号写下来：

将第22页上这个字母所在的方格涂黑。

答案见
第45页

古埃及馆

第2条线索

经过一番仔细搜查，侦探们发现原来宝石只是滚落到窗帘后面了。问题解决后，工作人员带他们去见博物馆的安全主管。福尔摩斯已经迫不及待地想问他了。

根据从谜题 8～15 中获得的信息，将下图对应字母所在的方格涂黑，看看这些黑色方格组成了哪 4 个汉字的拼音，把这 4 个汉字填在安全主管未说完的话中，你将得到帮助你继续调查的第 2 条线索。

c	o	s	r	j	k	u	x	w	a	x	h	y	c	d	r	t	j	u	r	s	s	w	u	b	g	p	c	o	f	a	j	k
m	v	p	w	t	e	f	o	t	k	l	a	u	q	t	o	v	d	g	z	u	v	r	t	z	t	m	p	q	j	k	m	a
o	d	z	x	e	a	c	l	g	x	z	k	n	r	p	t	t	q	s	o	n	k	m	a	p	y	t	p	v	z	l	z	a
v	t	r	d	i	m	c	o	n	k	o	p	w	q	h	n	v	o	w	a	g	y	e	s	r	w	k	m	t	p	q	t	c
q	p	q	t	g	o	h	r	i	d	t	z	e	k	u	r	w	v	e	m	u	a	o	c	f	i	j	k	m	d	p	d	t
t	f	b	j	n	m	o	p	e	t	c	v	w	y	z	t	q	i	w	o	i	e	u	i	j	n	p	v	t	m	z	p	q
t	d	r	f	x	b	o	r	h	x	m	d	o	q	t	f	z	f	z	b	x	h	p	q	t	d	r	o	d	a	r	h	o
b	z	n	u	f	q	b	u	v	w	c	o	f	w	j	x	a	s	w	s	i	r	e	c	d	g	k	y	v	q	t	k	m
p	x	g	r	w	c	q	s	a	c	m	x	p	a	h	t	f	e	j	l	l	p	g	g	o	v	n	f	a	r	h	b	c
v	d	y	z	b	n	h	n	k	i	p	r	t	u	v	z	o	s	i	g	n	t	u	w	w	g	z	g	m	p	a	j	p
r	h	n	p	g	f	e	g	d	y	f	h	j	j	i	m	a	p	d	o	r	u	b	s	t	r	u	k	i	f	x	h	b
q	t	u	v	c	j	z	g	m	k	u	n	e	b	v	f	d	n	w	y	n	d	n	p	q	e	o	g	c	a	f	c	j

画被偷时，我在现场拍到了偷画人的背影，是＿ ＿ ＿ ＿ 。

线索2

写下你找到的线索：

答案见
第 45 页

第三章

文物修复室

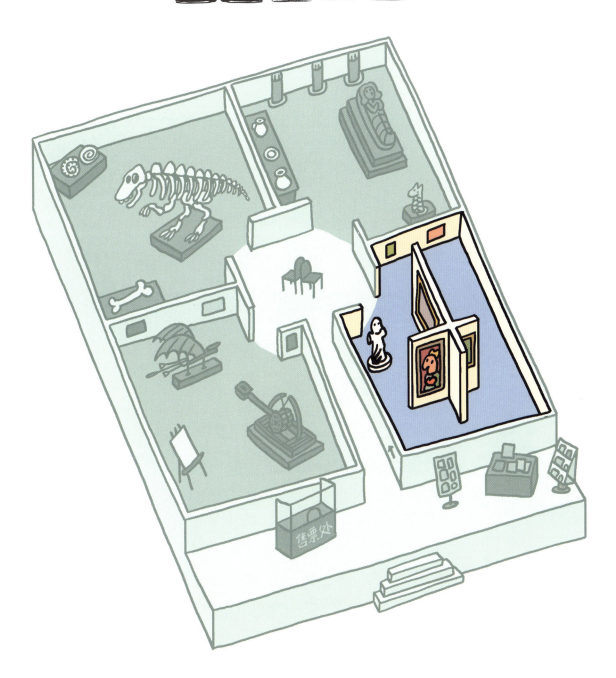

博物馆真像一座大迷宫，华生不得不向保安问路。接下来应该往哪个方向走呢？
将对话框中的字组成一句通顺的话（第一个字是"从"），看看保安说了什么。

24

太棒了！华生找到了一张地图。现在，只要按照前一页中保安的提示和他手里的指示图（从第一行开始，每一行都是从左到右的顺序，数字代表要走的格数，箭头代表前进的方向），在地图上找出正确路线，侦探们就能到达文物修复室。

从打叉的地方出发，找到通往文物修复室的路线。

信息17

最终到达位置对应的汉字是：

把第32页B对话框中的这个字画掉。

答案见
第45页

在地图的背面，华生发现了一幅名画的复制品。巧合的是，这幅名画的原作者正是达·芬奇，就是画《蒙娜丽莎》的那位大师。

福尔摩斯立刻拿出放大镜，准备仔细观察这幅复制品。

找一找，图中两幅画总共有几处不同？

谜题19

博物馆的文物修复师告诉福尔摩斯，这幅画只是一件复制品，就像眼前这尊马的雕塑一样。不过文物修复师现在遇到了难题，他想请福尔摩斯帮忙。

右边的碎片可以拼成左边的雕塑，但有一块碎片是多余的，请把它找出来。

信息19

把多余的那块碎片上的汉字写下来：

_____

_____

把第32页B对话框中的这个字画掉。

碎片上的字：能 买 作 售 她 品 画 卖 里 的

答案见第46页

福尔摩斯和华生很高兴能帮到这位沉迷于工作的文物修复师。此刻，他正用灯光从不同角度照射这尊雕塑。华生注意到，灯光暴露了这尊雕塑的一些小缺陷。

仔细观察，找出与雕塑完全吻合的那个影子。

信息20

把与雕塑完全吻合的影子对应的汉字写下来：

把第32页B对话框中的这个字画掉。

虽然文物修复师不知道《蒙娜丽莎》被谁偷了，但他还是想帮帮侦探们，于是提供了一条新信息。

将对话框里的字组成一句通顺的话（第一个词是"你们"），看看文物修复师说了什么。

答案见第46页

事不宜迟，他们立刻走向储藏室……但文物修复师在储藏室门口停了下来。

借助前衬页上的万能解码表，将对话框中的数字换成对应的拼音字母（例如，24 对应 X），再加上声调，看看文物修复师说了什么。

馆长每个 24-9-14-7 17-9 23-21 都会改密码。

信息22

把文物修复师说的话写下来：

找到这句话中的数字，把第32页 B对话框中的这个数字画掉。

答案见第46页

福尔摩斯和华生走近储藏室的大门，试着破解密码锁的密码。
根据下图的提示，帮福尔摩斯破解密码。

答案见
第46页

文物修复室 第3条线索

　　侦探小组进入储藏室的时候，馆长正在整理文物。福尔摩斯问馆长，《蒙娜丽莎》被偷的时候，他有没有注意到什么。

　　根据从谜题 16～23 中获得的信息，画掉下图 B 对话框中的某些字，剩下的字能连成一句话，这就是帮助你继续调查的第 3 条线索。

您注意到什么了吗？

A
画被偷的时候，有一位女士来到储藏室。

B
向她问我卖能不能 46 买这里藏的一幅五天画展。

线索3
写下馆长提供的线索：

达·芬奇特展

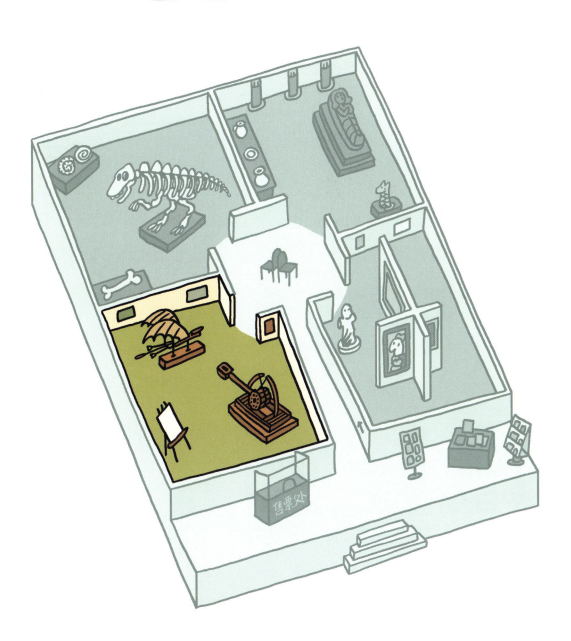

谜题24

虽然前面的这些信息都非常有用，但到目前为止，侦探小组仍没有解开名画失窃的谜团。博物馆的策展人准备带他们去达·芬奇特展的展厅看看，说不定那儿有重要的线索。

去掉对话框中每个图形的后半部分，再给得到的拼音字母加上声调，看看策展人说了什么。

答案见第46页

34

? 谜题25

华生和以前一样在笔记本上记录下所有可能有用的信息。恰巧，隔壁展厅正在展览一架很神奇的机器……

将下图中的拼音字母沿着线路填入对应的方格里，看看这架机器叫什么。

信息25

写下这架机器的名字：

_____

_____

_____

根据这条信息，把第42页上与之对应的小票画掉。

正常情况下，偷画的人会经过这里。

35

答案见第46页

尽管还未破案，但福尔摩斯觉得离真相越来越近了。他准备继续调查展厅里这些奇奇怪怪的装置……

策展人本来打算给侦探们展示一下这些机器是如何运行的，但操作起来会有危险。

如果福尔摩斯沿着红色箭头方向转动手柄，那么黄色指针会指向"停止"还是"运行"呢？

信息26

黄色指针指向的是：

_____

_____

根据这条信息，把第42页上与之
对应的小票画掉。

与此同时，悠悠发现地上有一些纸片。
看起来应该是一幅画稿被撕碎后丢在地上。
将纸片按正确的顺序拼完整，看看能获得什么信息。

信息27

把拼好的画稿上的字按从上到下的顺序写下来：

_____

_____

根据这条信息，把第42页上与之对应的小票画掉。

答案见
第47页

策展人向福尔摩斯展示了一张草图，他一直无法解开图上的谜团。这是根据达·芬奇手稿临摹的，但画的究竟是什么呢？

将下图中的数字按 1~73 的顺序连起来，看看画中的物品是什么。

信息28

画中的物品是：

根据这条信息，把第42页上与之对应的小票画掉。

结束参观前，策展人带侦探们来到博物馆的一个秘密地点。为了记住进门的密码，他在纸上写了提示。

这组密码是三个字母，请你根据纸上的提示，破解密码。

信息29

密码是：

根据这条信息，把第42页上与之
对应的小票画掉。

答案见
第47页

福尔摩斯和华生注意到一架很奇特的机器。悠悠在地上发现了两张纸……

从左下角图纸上的圆点处开始，根据方向指示，将另一张纸上的拼音字母连起来，再加上声调，就能知道这架机器的名称。

我们把这项发明藏起来了。

A O E
P N M
Q I F
G N E

信息30

写下这架机器的名称：

根据这条信息，把第42页上与之对应的小票画掉。

答案见
第47页

尽管这些发明很有趣，但福尔摩斯仍然没有查出是谁偷了《蒙娜丽莎》。他问策展人，有没有可能遗漏了博物馆的某个地方……

观察策展人所拿纸上线条的形状和点的位置，在对话框里的字母表上找出每个点所对应的拼音字母（例如红色点对应的是红色字母），然后从第一行开始，每行按从左到右的顺序，把你找到的字母连着写下来，再加上声调，就能知道策展人要带他们去什么地方了。

答案见
第47页

达·芬奇特展

第4条线索

果然如此！福尔摩斯早该想到这个地方。商店的售货员肯定见过来博物馆参观的所有游客，所以她手上一定有解开这桩谜案的关键线索。

根据从谜题 24～31 中获得的信息，画掉桌上的一些小票，再将剩下的小票上的字组成一句通顺的话。这就是侦探们要找的第 4 条线索。

答案见第 47 页

42

真相大白

谁偷走了《蒙娜丽莎》？

还差最后一步！侦探小组现在掌握了这桩失窃案的全部信息，但愿能找回名画《蒙娜丽莎》。
是时候揭露偷画贼的真面目了！

悠悠把所有嫌疑人都召集过来。现在，轮到你来解开最后的谜团了。

根据在前四章中找到的线索，你知道谁是真正的偷画贼吗？

快把书倒过来放在镜子前，看看你有没有找对人！

在《蒙娜丽莎》所属的那家博物馆里，工作着一位摄影师，名叫乔治。为了偷楼
这幅杰作，乔治先关闭了博物馆的监控，趁没人时将《蒙娜丽莎》连框带画偷走，上楼遛弯之后藏了起来。

一天之后是匿名归还给了博物馆。

第一章 答案

❓ 谜题1

你们可以从旁边的展厅开始调查。
这句话中第六个字的第三个拼音字母是"n"。

❓ 谜题2

问题1：2亿年前。问题2（判断题）：错误。
要去的通道的编号是I。

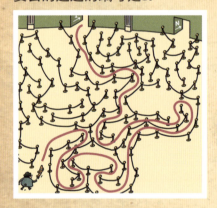

❓ 谜题3

我在A通道那里碰到了一个参观团（wǒ zài A tōng dào nà lǐ pèng dào le yí gè cān guān tuán）。游客提供的通道的编号是A。

❓ 谜题4

jiàn lóngg，剑龙。多余的拼音字母是"g"。

❓ 谜题5

有个参观团去看化石标本了。
这句话中倒数第二个字的第二个拼音字母是"e"。

❓ 谜题6

Q。

❓ 谜题7

老师带我们来的，她现在在另一个展厅。
这句话中倒数第四个字的第一个拼音字母是"y"。

第1条线索

一个男青年（yí gè nán qīng nián）。
画被偷时，青年男艺术家不在案发现场，因此可以在第43页中排除他的嫌疑。

第二章 答案

❓ 谜题8

安全主管说他在隔壁等你们。
这句话中第五个字的第一个拼音字母是"s"。

❓ 谜题9

去展览木乃伊和古埃及诸神画像的展厅找找。
这句话中第八个字的第一个拼音字母是"g"。

❓ 谜题10

FELINDRO。第二个字母是E。

❓ 谜题11

钥匙（yào shi）。拼音中的最后一个字母是"i"。

1	y	i	x	i	s	i
2	a	m	e	n	g	
3	t	u	o	t	e	
4	s	a	i	t	e	
5	h	a	t	u	o	e	r
6	a	o	x	i	l	i	s	i

❓ 谜题12

眼镜（yǎn jìng）。拼音中的第一个字母是"y"。

❓ 谜题13

最下面一排陶器价格的计算结果是6。6的汉语拼音是liù，这个拼音的最后一个字母是"u"。

❓ 谜题14

怎么回事？展柜里的宝石居然少了一块！
这句话中第五个字的最后一个拼音字母是"n"。

❓ 谜题15

图中的宝石按黄、红、绿的颜色规律排列，并按顺时针方向依次旋转90°变换。因此，不见了的宝石的编号是W。

第2条线索

一位女士（yí wèi nǚ shì）。
根据这条线索可以在第43页中排除男摄影师的嫌疑。

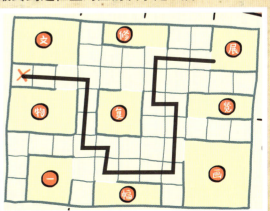

❓ 谜题16

从左上角的数字开始，跟着箭头的方向走。
这句话中的倒数第二个字是"向"。

❓ 谜题17

最终到达位置对应的汉字是"展"。

 **谜题18**

总共有4处不同。

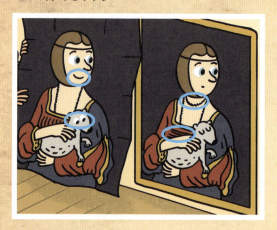

 **谜题19**

多余的那块碎片上的汉字是"卖"。

 **谜题20**

与雕塑完全吻合的影子对应的汉字是"天"。

 **谜题21**

你们应该去储藏室看一看。
这句话中的第七个字是"藏"。

 **谜题22**

馆长每个星期五（xīng qī wǔ）都会改密码。
这句话中的数字是五。

 **谜题23**

密码是162。密码中间的数字是6。

第3条线索

她问我能不能买这里的一幅画。
画被偷时，想买装饰品来布置客厅的女人不在案发现场，因此可以在第43页中排除她的嫌疑。

第四章 答案

 **谜题24**

我带你们去参观他的发明（wǒ dài nǐ men qù cān guān tā de fā míng）。
这句话中的最后一个词是"发明"。

 **谜题25**

扑翼机模型（pū yì jī mó xíng）。

？ 谜题26

停止。

？ 谜题27

皮革潜水服。

皮
革
潜
水
服

？ 谜题28

自行车。

？ 谜题29

密码是HUA。

？ 谜题30

风琴炮（fēng qín pào）。

？ 谜题31

商店（shāng diàn）。

第4条线索

一位女士买了一张《蒙娜丽莎》的明信片。

画被偷时，买明信片的女士不在现场，因此可以在第43页中排除她的嫌疑。

版权登记号 图字 19-2022-192 号

©Larousse 2022 (Les Cahiers d' Enquêtes de Sherlock Holmes : QUI A VOLÉ LA JOCONDE)
The Simplified Chinese translation rights is arranged through RR Donnelley Asia
(www.rrdonnelley.com/asia)

图书在版编目（CIP）数据

博物馆大盗 /（法）桑德哈·勒布伦编 ；（法）洛伊
克·梅黑绘 ；邱秋卡译. -- 深圳 ：深圳出版社，2025.
4. --（少年大侦探·福尔摩斯探案笔记）. -- ISBN 978-
7-5507-4126-3

Ⅰ．G898.2

中国国家版本馆 CIP 数据核字第 2024EU6997 号

博物馆大盗
BOWUGUAN DADAO

责任编辑　邬丛阳　吴一帆
责任校对　熊　星
责任技编　陈洁霞
装帧设计　米克凯伦

出版发行　深圳出版社
地　　址　深圳市彩田南路海天综合大厦（518033）
网　　址　www.htph.com.cn
订购电话　0755-83460239（邮购、团购）
排版制作　深圳市童研社文化科技有限公司
印　　刷　中华商务联合印刷（广东）有限公司
开　　本　889mm×1194mm　1/16
印　　张　3.5
字　　数　45 千
版　　次　2025 年 4 月第 1 版
印　　次　2025 年 4 月第 1 次
定　　价　39.80 元

一起玩转

少年大侦探·福尔摩斯探案笔记

全系列！

《农场奇案》

《城堡迷案》

《草原疑案》

5岁以上

观察力、专注力、识数、
迷宫、拼图、找不同

7岁以上 拼音、组词、造句、算术、信息处理、线索分析、逻辑推理

《环球追捕》

《惊天迷案》

《十大案件》

《跨时空探案》

《奇妙调查》

《埃及奇案》

《邮轮大劫案》

《博物馆大盗》

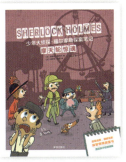

《摩天轮惊魂》

《追查凶手》

侦探们的旅程还在继续，更多新书敬请期待……

高阶挑战

你是不是成功破案了？
那么，是时候给你颁奖了！

最佳侦探奖状

表彰 ....

....

....

致以最诚挚的敬意！
福尔摩斯

Sherlock Holmes